ARMANDO HOYOS

La autobiografía
no autorizada

EDITORIAL DIANA
MEXICO

1a. Edición, Noviembre de 1995
6a. Impresión, Mayo de 1996

Fotografías: Carlos A. Latapí L.
Diseño de portada: Eugenio Derbez y Alejandro Treviño

ISBN 968-13-2868-X

ARMANDO HOYOS

La autobiografía
no autorizada

"¿Hasta qué punto llega la
codicia del lábaro patrio?"
–Armando Hoyos–

ÍNDICE

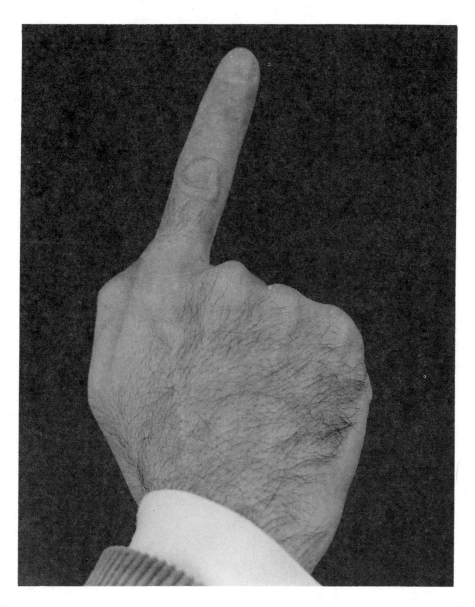

CONTENIDO

De mis amigos José Luis Diez,
Antonio Cerón, Pepe Cienfuegos,
Raúl Villamil y Alex González,
dedico este libro a Alex,
por ser el único sin cero.

– Armando Hoyos –

PRÓLOGO

Υν ελεφαντε σε χολυμπιαβα σοβρε λα τελα δε υνα αρα)α, χομο πε{α θυε ρεσιστ{α φυε α λλαμαρ α οτρο ελεφαντε. Δοσ ελεφαντεσ σε χολυμπιαβαν σοβρε λα τελα δε υνα αρα)α, χομο πε{αν θυε ρεσιστ{α φυερον α λλαμαρ α οτρο ελεφαντε. Τρεσ ελεφαντεσ σε χολυμπιαβαν σοβρε λα τελα δε υνα αρα)α, χομο πε{αν θυε ρεσιστ{α φυερον α λλαμαρ α οτρο ελεφαντε. Χυατρο ελεφαντεσ σε χολυμπιαβαν σοβρε λα τελα δε υνα αρα)α, χομο πε{αν θυε ρεσιστ{α φυερον α λλαμαρ α οτρο ελεφαντε. Χινχο ελεφαντεσ σε χολυμπιαβαν σοβρε λα τελα δε υνα αρα)α, χομο πε{αν θυε ρεσιστ{α φυερον α λλαμαρ α οτρο ελεφαντε.

Σεισ ελεφαντεσ σε χολυμπιαβαν σοβρε λα τελα δε υνα αρα)α, χομο πε{αν θυε ρεσιστ{α φυερον α λλαμαρ α οτρο ελεφαντε. Σιετε ελεφαντεσ σε χολυμπιαβαν σοβρε λα τελα δε υνα αρα)α, χομο πε{αν θυε ρεσιστ{α φυερον α λλαμαρ α οτρο ελεφαντε. Οχηο ελεφαντεσ σε χολυμπιαβαν σοβρε λα τελα δε υνα αρα)α, χομο πε{αν θυε ρεσιστ{α φυερον α λλαμαρ α οτρο ελεφαντε. Νυεπε ελεφαντεσ σε χολυμπιαβαν σοβρε λα τελα δε υνα αρα)α, χομο πε{αν θυε ρεσιστ{α φυερον α λλαμαρ α οτρο ελεφαντε. Διεζ ελεφαντεσ σε χολυμπιαβαν σοβρε λα τελα δε υνα αρα)α, χομο πε{αν θυε ρεσιστ{α φυερον α λλαμαρ α οτρο ελεφαντε. Ονχε ελεφαντεσ σε χολυμπιαβαν σοβρε λα τελα δε υνα αρα)α, χομο πε{αν θυε ρεσιστ{α φυερον α λλαμαρ α οτρο ελεφαντε.

Δοχε ελεφαντεσ σε χολυμπιαβαν σοβρε λα τελα δε υνα αρα)α, χομο πε{αν θυε ρεσιστ{α φυερον α λλαμαρ α οτρο ελεφαντε... ψ ασ{ ηαστα ελ ινφινιτο.

ZORBA, "ελ γριεγο"

(ZORBA, "el griego")

11

INTRODUCCIÓN

(Del lat. *introductiō, -ōnis.*) *f.* Acción y efecto de introducir o introducirse/ **2.** Preparación, disposición, lo propio para llegar al fin propuesto/ **3.** Exordio de un discurso o preámbulo de una obra literaria o científica/ **4.** *Fig.* Entrada y trato familiar e íntimo con una persona/ **5.** *Mús.* Parte inicial generalmente breve, de una obra instrumental o de cualquiera de sus tiempos/ **6.** *Mús.* Pieza musical que precede a ciertas obras teatrales, sinfonía.

"¿Qué es primero...?,
¿el minuto o el segundo?"
– Armando Hoyos –

SEMBLANZA

A muy temprana edad, el maestro y filósofo Armando Hoyos nació en el
seno de una familia muy acomodada
en la miseria. Quizá el hecho de haberse formado precisamente en el seno
familiar le valió su primer apodo: "el Mamotreto". "Es indudable que la cultura
se mama desde la cuna", asevera Armando, y todos coincidimos en que es un
hombre extraordinariamente   culto. Desde pequeño el maestro se rozaba
con los grandes, por eso su madre sólo le ponía pañales medianos y chicos.
Su madre —la de Armando Hoyos— siempre se empeñó para darle a su hijo —al
de la madre de Armando Hoyos— la mejor educación, mientras que su padre
—que era el sostén del seno   familiar— siempre tuvo que desempeñarla. Él no
podía pagar la educación que sin duda quiso darle (en la madre
recayó el futuro del pequeño Armando).

Su primer encuentro con la antigua filosofía griega sucedió cuando Armando
Hoyos exigió que se le sirviera la papilla en Platón; la discusión que mantuvo
con su madre en torno a este tema le sirvió de inspiración para la escritura de
su ópera prima: *Los diálogos del Platón*.

A los cinco años, Armando ya devoraba libros en un dos por tres (o sea, en un
seis). Para ello su madre solía prepararle pastel mil Hojas, sopa de Pasta,
lomo en adobo, pulpo en su Tinta y, por supuesto, sopa de Letritas. Fue
entonces que despertó su pasión por las letras. "Sin duda sabía muchísimo",
ha declarado al recordar el fuerte sabor de aquella sopa. Era tan concentrado
el sabor que lo ha repetido miles de veces, jamás lo olvidará.

De pequeño, Armando hablaba demasiado. Su actitud des bocada hizo que
su madre le quisiera poner un freno. El maestro sólo dijo "ni hablar", pero aún
hoy se asegura que sólo lo dijo de dientes pa'fuera.

1 7

Aunque de chico nunca prestó   atención a la escuela, por el hecho de ser un
niño sin condición
económica, para inscribirse a la primaria tuvo que pedir una beca. Al año
siguiente, para re inscribirse tuvo que pedir una re beca, petición a la cual la
profesora Rebeca Galindo se negó rotundamente aseverando lo siguiente:
"Yo recuerdo que Armando quería que le enseñara cosas que, por regla, yo
no podía enseñarle, además yo estaba casada con
el método tradicional de enseñanza." Eso obligó a Hoyos a no pasar de
quinto.   El recto r Damián Rico obró en contra de Armando, expulsándolo
de la institución y manchando así su currículum. Sin resentimientos, el maestro
Hoyos los recuerda simplemente como dosentes raros que le dieron su
primera lección.

Debido al altercado escolar, el joven Hoyos —en actitud autodidacta—, comen
zó a trabajar como cerillo en un centro comercial. Siendo cerillo tuvo la
oportunidad de conocer a los Clásicos y a los Talismán. Al conocerlos se le
prendió el foco y dijo: "Cuando se prende un cerillo...¿es porque no le dan
propina?"

Estudiando el materialismo dialéctico y el histórico, profundizó con una
corriente materialista   de mayor edad que él, quien sólo lo quería para que
le comprara chicles y fotonovelas. Desde aquel desengaño, asegura que l
sientan mejor las mujeresensillas. Se define como sofista (es admirador de l
Loren) y como machista-leninista; cita constantemente a Marx, Hegel
Kant, pero éstos siempre lo dejan plantado. Mientras que Marx y Hege
gustosoacuden sólo cuando hay mucho polvo, Kant suele dejar el siguient
mensaje en inglés: "I'm sorry, I Kant." Tales de Mileto y tales plantone
inspiraron a Hoyos para escribir su libro eco lógico: *Cuando podamo
cortamos el pasto*, en el cual narra cómo su inspiración musical le dio par
componer algunas arias verdes a pesar del sol
feo. Como él mismo lo ha dicho: "Esto es s ociología aplicada."

Este es uno de los pasajes dé aquel libro, imposible de conseguir en esto
días: "Tenía un jardinero que era tan desafinado que, al quererlo levanta
después de que sufrió un desmayo,* en lugar de volver en sí, volvió en mí, sostenido
Es autor de varios libros. Uno de ellos fue llevado al cine y olvidado ahí junt
con una bolsa de palomitas.

* El des mayo ocurrió el primero de junio.

Hoyos escribió también libros de ciencia ficción como *El desarrollo de la economía mexicana*, así como libros de texto tales como *De texto los libros* y el best seller *Para bailar las mayas y para rezar las incas*, (ensayo con profundidad sobre los chiquitos peruanos). Ha escrito las novelas *Te querré mientras sexista*, *El rey Francisco I, yo después* (novela épica de caballeros) y *Pegaso, el pony con alitas* (novela hípica de caballitos).

Ha escrito decenas de libros sobre la Guerra (aunque Blanca no ha hecho declaraciones al respecto), tales como: *Si hubiera parque no estaría usted aquí, estaría en los columpios*, razón por la cual se le considera como un autor bélico más que novélico y másque chicles sin azúcar (recomendados por la Asociación Dental Mexicana).

Por cierto —se pregunta el maestro— ¿los dentistas estudian odontología ho icología?" Tiene un doctorado Honoris Causa en la Universidad de Jail (pronúnciese Yéil), a donde tiene que ir a firmar cada semana y, gracias a su constancia y su certificado, fue aceptado en la universidad para impartir cátedra en dos de sus preparatorias y en casi todas sus facultades mentales.

En las tertulias intelectuales el maestro Hoyos se codea con gente de la talla de Carlos Monsiváis (talla 42) y por ello siempre pierde a la hora de los ladazos. Sobre el libro *Aura*, de Carlos Fuentes, Hoyos apunta: "Si Aura, deCarlos, ¿mañauna embalsamarlos?", pues tiene la mala costumbre de rayar los libros.

Armando Hoyos ha creado el círculo intelectual mexicano, y para dibujarlo nunca se ha llevado conPaz; don Octavio no le tolera sus libros antiPazifistas aunque éstos se vendan como pan caliente en lugares tan prestigiados como Globo, Elizondo, La Ideal y La Espiga.

Recientemente el maestro Hoyos dejó un poco de lado en el congelador, pues no congenia con las frivolidades; sin embargo, sus actividades en pro de la cultura popular lo llevaron a aparecer en el programa de TV *Al Derecho y Derbez*, en donde, lejos de entender su filosofía, el público se divertía con ella. El cómico que protagonizaba esta serie, era soso, un tanto bobalicón,

un gran necio, un estúpido engreído, egoísta y caprichoso, un payaso vanido-
so, inseguro de sí mismo, falso, enano rencoroso que no tiene corazón; lleno
de celos, sin razones, ni motivos, como el viento impetuoso, pocas veces
cariñoso, lo conozco como a mí; flaco, ojeroso, cansado y sin ilusiones,
melindroso, boricueto, mórbido, decrépito, diarreico, lúbrico, lujurioso licen-
cioso, pornográfico lascivo, libidinoso, obsceno (derecho e izquierdo),
vomitivo, asqueroso, flácido, copión, repetitivo, rapaz a todos menos a los
pelones, niguatero, retrueco, jetón o jetonsísimo, inocuo, inodoro, filibustero,
talabartero, bisoño, pelón, peludo, tipludo, antropoide, simio, mico, monóto-
no, Neanderthal por cuhal, cromagnon, gañán, dañado, ñoño, ñandú, añejo
lagañoso, gazmoño, gaznápiro, falaz, fraudulento, no muy rápido, engañoso
corrupto, un caín, indigente, indigesto, indigno, indicoroso, inculto, mohoso
mocoso, oriniento, enmohecido, mojigato por liebre, impoluto, mandilón
insipiente, incipiente, ratonil, sobabrazos, alburero, decadente, turbio, insu-
rrecto, abrupto, ríspido, esmirriado, mezquino, salvaperros, escabroso, muy
cabroso, malogrado, malvado, malvavisco, tacaño, roñoso, sarnoso, bajo
cabe, con, contra, de, desde, hacia, hasta, para, por, según su mamá muy
chistoso, asno reír de los demás, mezquino, forúnculo, herpes, grano purulento
escorbuto, baquetón, fanfarrón, morcilludo, morcikarate, morcitae-kwan-do
morci las dudas, engendro, feto, aborto está en Olmoloya, fundido, funesto
funlotro, anormal, malsano, vano, ufano, zutano, mengano, perengano, butano
anodino a las drogas, degenerado, taruguete, indolente, morboso, mórbido
enfermizo, estereotipado, monoaural, cuadrafónico, móndrigo, frívolo, espeso
devaluado, mitotero, tutotero, nuestrototero, veleidoso, futil, trivial, voluble
baladí, oblada, incróspido, ruinoso, menopáusico, lagartón, demente
mequetrefe, inhábil, no vato (como le dicen en el norte), malintencionadísimo
otorrinolaringólogo, esternocleidomastoideo, desoxirribonucleico, paspartú
supercalifragilísticoespiralidoso, lacra, bobo, disoluto en agua, ladino (sin su
lámpara), insoportable, irritante, pelele, patiño, patán, patón, pateado, pate
peto, pito, poto y Lulú, impúdico, sin pudor ni poder, impotente, reacio
recalcitrante, díscolo, díscolo diablo panzón, glutinoso, denso, viscoso de
ambos ojos dos, purgante, solutivo, tonto, feo, menso, imbecilote, cabezota
morroñoso, áspero, mastuerzo que los otros, mochilón, orejón, timorato
mariposón, hipócrita, hipotético, fuñique, escaso perdido, reposado para las
fotos, enfadoso, fortuito Guízar, TG1, ocioso, haragán, perezoso, sanchezoso
cabeza de chorlito, urgido, lento, pasguato michoacán, charlatán, antipático
patético, cretino, vencejo, pringoso, chanclas meadas, prosaico de talavera.

de quien no vale la pena profundizar en su personalidad.

El hecho fue que por participar en ese programa, Armando Hoyos se granjeó la desaprobación de la comunidad intelectual y hasta Carlos Monsiváis le volteó la espalda (a codazos). El maestro Armando lo hizo porque quería ser excéntrico, y lo logró (recordemos que antes vivía por el Metro Zócalo y ahora vive en San Ángel). Hoyos argumenta: "Lo hice para subir el *rating* del programa, además: si primero Arreola... ¿después encorralóla?" Entre sus excentricidades está la de dormir en camas dúplex. Hoyos asegura que esto le ayuda a pensar litera
lmente. Uno de los planes inmediatos que tiene en su "a ver" es un libro de ensayos, probablemente una obra
al tomar laxantes.

Hay tantas cosas qué decir acerca del maestro y filósofo Armando Hoyos que no terminaríamos. Pero como estas son las últimas palabras de la semblanza, tendríamos que terminar como se acostumbra: ¡en fin!

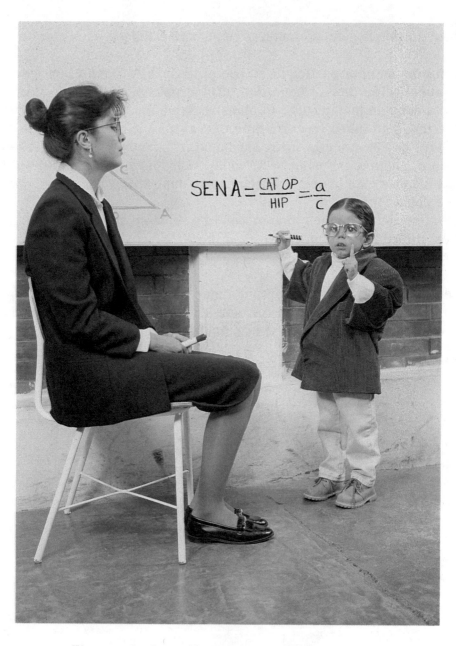

El pequeño Armando Hoyos sacándole un seno
a la maestra.

EL MAESTRO
ARMANDO HOYOS

Y

LOS
ANIMALES

Filozoofía

– Cuando el toro se entera que le ponen los cuernos...
¿lo hace a través de la carta dela tora?

– Si los cangrejos caminan hacia atrás...
¿por qué no los voltean para el otro lado?

– Si hay pulpa de tamarindo...
¿hay pulpo de jamaica?

– Cuando le quitas la piel a una zebra...
¿queda la carne dezebrada?

– Si el hombre que no trabaja se hace buey...
el buey que no trabaja, ¿se hace hombre?

– Si la caza de la tortuga está prohibida...
¿dónde harán ahora zuz pachangaz?

– La que hace muchas lagartijas...
¿es prolífica o deportista?

– Las rinocerontas, ¿son medio infieles...?, o
¿por qué sólo le ponen un cuerno a los rinocerontes?

– Cuando las elefantas no quieren más hijos...
¿con qué se ligan las trompas?

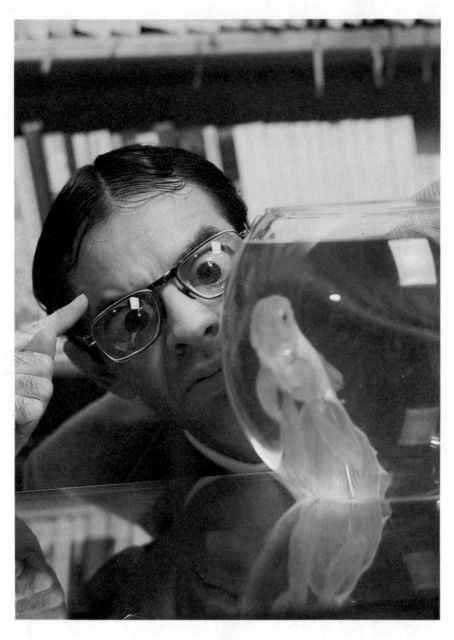

El maestro Armando Hoyos y su mascota, Octavio Pez.
(Colección particular del maestro.)

El maestro
Armando Hoyos

y

LOS AVIONES

Pensamientos al aire

– Cuando un avión huele mal...
¿es porque se le apagó el piloto?

– En la *Primera Clase*...
¿los niños lloran?

– En el área de no fumar...
¿todos se ignoran?

– Si los pieles rojas tienen reservaciones...
¿por qué no viajan?

– ¿Por qué, aunque vueles sin equipaje,
siempre vuelas con sobrecargos?

– Si hay boletos para infante...
¿también hay boletos para negrete?

– Cuando un avión viene demorado...
¿es porque va a llegar tarde?

– Cuando un vuelo tiene retraso...
¿es porque no le ha bajado
el tren de aterrizaje?

"¿Por qué la crueldad con los aviones?
Primero les dan alas
y luego los mandan a volar..."
– Armando Hoyos –

EL MAESTRO ARMANDO HOYOS

Y

LOS CABALLEROS

Los caballeros no tienen...
¿no tienen qué?

– Un plebeyo... ¿puede tener hijos barones?

– Para los caballeros de la mesa redonda...
¡trabaja una orden de frijoles!

– Cuando un caballero le da laacera a una dama...
¿es para que se depileel bigote?

– Los Tres Mosqueteros... ¿ya están en la cama?,
¿muchos besitos les dio su mamá?

– Si el Mío Cid...
¿el tuyo Nod?

– Un Castillo...
¿nunca ha tenido una Aventurilla?

– En la torre...
¡¡¡vienen a cobrarnos!!!

– Las Torres de Satélite...
¿conocen a las González de Coyoacán?

– El hombre elefante...
¿se viste con trafe y corfata?

– Si los padres andan con sotana...
¿los hijos andan con mengana y perengana?

– Si les dan su título a los nobles...
¿a los gandallas los mandan a extraordinario?

– En la época de las Cruzadas...
¿había muchos perros callejeros?

– Cuando te ponen el arma-
dura... ¿te vas a las cruzadas?

– ¿GuillermooTell... de paso
con antena parabólica?

– Si los niños tienen sangre azul...
¿las niñas la tienen rosada?

FAMOSO ARTÍCULO ESCRITO POR EL MAESTRO HOYOS

Después de mucho insistir, una famosa revista para caballeros logró convencer al maestro Armando Hoyos para que participara en dicha publicación, escribiendo un artículo, sin lugar a dudas muy singular y extremadamente masculino. Dicho artículo se transcribe a continuación: **EL**.

El maestro
Armando Hoyos

Y

EL CINE

Ideas que apantallan

– Si hay un incendio en el cine...
¿es porque hubo cortos?

– Cuando una película está doblada...
¿sólo ves la mitad?

– La primera película norteña...
¿fue Sonora?

– Una muestra de cine...
¿es un pedazo de película?

– Si una película se revela...
¿ya no quiere trabajar?

– Si una diva...
¿la otda abajo?

– Si vas a la muestra...
¿llevas tu frasquito?
o... ¿necesitas tu abono?

– Si la dirección en una película está mal...
¿nunca das con el cine?

– ¿Acaso en la película *La mujer del puerto*
Andrea palma...? ¿O no?

– Cuando Miroslava...
¿Mirostiende y luego Mirosplancha?

– Si tu novio te invita al cine...
¿te gusta ver la película, doblada?

– Si en un estreno, te metes en la cola...
¿te saca el cácaro?

EL MAESTRO
ARMANDO HOYOS

Y

EL CIRCO

Apuntes sobre la circonsición

NÚMERO CIRCENSE

NÚMERO CIRCENSE

En 1980 el maestro Hoyos publicó su disertación
referente a los números circenses, concluyendo
que los números de mayor éxito en ese entonces se
ejecutaban con aros: el OCHO y el CERO.

42

– Si el circo necesita una carpa...
¿el teatro necesita una sardina?

– Cuando las atracciones del circo son focas...
¿por qué no contratan a más?

– Cuando el faquir se clava...
¿es que está enamorado?

– Cuando un trapecista se cuelga...
¿llega tarde a la función?

– El mono...
¿es una atracción?

– Si en el circo andan enanos...
¿no es mejor andar enpies?

– Si la cuerdafloja...
¿la locaprieta?

EL MAESTRO
ARMANDO HOYOS

Y

LA COMIDA

*Reflexiones que alimentan
el espíritu*

– Cuando pides un pollo a la jardinera...
¿te lo trae antes o después de podar el pasto?

– Las espinacas...
¿se clavan en el corazón de los ñeros?

– Las acelgas...
¿cuando están lejos?

– Quién da más lata...
¿los soldados del Fuerte o los indios del Monte?

– En la cárcel...
¿son más ricas las quesadillas de flor de calabozo?

– Los huautzontles...
¿son pájaros que ladran o perros que trinan?

– Si las palmeras dan cocos...
¿los árboles dan zapes?

– Si quisieras darle 400 vueltas a la manzana...
¿se podría?

– ¿Se echa a perder el mole
de oya mañana?

– Si tienes paperas...
¿tienes pamanzanas?

– Cuando le dan tacos al pastor...
¿les dan tortas a las ovejas?

– Si te gustaron los tomates,
y si no... ¿ahí los dejates?

"SERE NATA AL AMANECER"
Armando Hoyos
(Colección particular)

49

EL MAESTRO
ARMANDO HOYOS
Y

LOS CUENTOS

¡Queelocuente!

– Los cuentos de Enrique Alonso...
¿son cachirules?

– Si el lobo se comió a la abuelita...
¿Caperucita pasa a ser su nieta?

– Las brujas de Salem...
¿son mentoladas?

– Blancanieves...
¿se derrite por el príncipe?

– Ricitos de Oro...
¿está quintada?

– ¿Peter Pan... y no les dan?

– La Sirenita...
¿tiene ojos de pescado?

– Aladino... Aladao Aladin don dan

– Bambi es miope...
¿no venada?

– Si la bella durmiente se pica con la rueca...
¿a qué hora duerme?

– El duende... el duende...
¿en dónde está el duende?

– La gallinita ciega...
¿anda con el patito feo?

– Si en un cuento aparecen las hadas...
¿las desamarras?

– A los tres cochinitos...
¿cuántas veces se los sopló el lobo?

– Pepe Grillo... ¿es primo político
del Pe pe Ese?

– Los frijoles mágicos... ¿te sacan...
de problemas?

NO
ME
INTERRUMPA,
SIGA
LEYENDO

EL MAESTRO ARMANDO HOYOS

Y

LOS DEPORTES

Ideas De porte elegante

El maestro Armando Hoyos recibiendo "La Pera", un
obsequio del campeón J.C.

– La carrera de caballos...
¿es a nivel licenciatura?

– Si el pitcher te poncha...
¿te casas con él?

– Cuando un beisbolista corre a la inicial...
¿su nombre tiene menos letras?

– En el futbol americano, elovoide...
¿se come a los tres cochinoides?

– Si las medallas son de plata...
los trofeos... ¿son del Llanero Solitario?

– Cuando alguien anota canasta...
¿lo anota con "k" o con "c"?

– En las Olimpiadas, los clavados...
¿extrañan mucho a sus novias?

– Los palos de Golf...
¿se echan en el asiento de atrás?

– En los clavados, cuando alguien se echa
uno en la alberca... ¿salen burbujitas?

EL MAESTRO ARMANDO HOYOS

Y

LA FAMILIA

Pensamientos genialógicos

– Cuando bes a tu prima...
¿para la trompita?

– Si la esposa...
¿ya no se escapa?

– Cuando la tía Rosa...
¿es porque no se ha depilado?

– Si la tía... ¿ahora ya no late?

– El padrino...
¿le bautizó el chiquito a la comadre?

– Cuando laabuela...
¿grita: "¡bolita por favor!"?

– Los primos en segundo grado...
¿pueden pasar a tercero si estudian?

– Si la casa de moneda haacuñado...
¡qué bien friegas!

– El amor en la familia...
¿se da en el padre?
¿o se da en la madre?

– Si a los hermanos les gustan las nueces...
¿a las hermanas, las pasas?

– Si la comprometida...
¿me la llevopuesta?

Si madre sólo hay una... ¿de quién son todas estas cosas?

El maestro
Armando Hoyos

y

LA
FOTOGRAFÍA

Reflex...iones

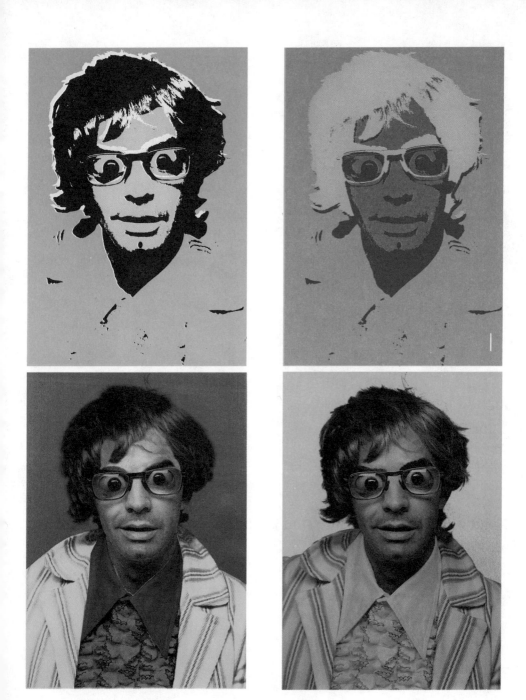

Autorretrato de un primo lejano del maestro residente en
la ciudad de Nueva York, el pintor ArmAndy WarHoles.
(Colección del maestro)

– Si te sacas una foto con Flash...
¿Superman se encela?

– Cuando se te acaba el rollo...
¿te quedas callado?

– Cuando una película se vela...
¿es porque ya se murió?

– Cuando una chava te pide que te tomes
una foto con ella... ¿te sale movida?

– Una foto infantil...
¿se la pasa jugando?

– Cuando tu novia te retrata...
¿es porque te enseñó los calzones?

– Cuando vas al Polo Norte a tomar fotos...
¿afocas... o también a pingüinos?

– Si quieres tomarte una foto en familia...
¿vas con Chabelo?

– Si quieres tener tus fotos con marcos...
¿te las tomas en Chiapas?

– Cuando una foto está bien expuesta...
¿corre peligro?

– Si quieres tomarte una foto
de cuerpo entero... ¿te la sacas?

EL MAESTRO ARMANDO HOYOS

Y

EL FUTBOL

Pensamientos seleccionados

– Una suspensión en el juego...
¿evita la diarrea?

– Cuando se tira un penal...
¿a dónde se mudan los presos?

– La primera división...
¿la hicieron con ábaco o con calculadora?

– ¿Cuántas jaladas le hace la defensa
a la media?

Diseño de la Copa de Edmundo.
Edmoso trabajo dealizado pod el maestro Armando Hoyos.

– ¿Por qué en un parto, la madre expulsa al niño
sin antes amonestarlo?

– Si las Cobras de Ciudad Juárez...
¿te las pagan?

– El director técnico...
¿nunca fue rudo?

– Cuando se juega futbol de salón...
¿qué posición juega la maestra?

– Si juegas futbol rápido...
¿es porque te está hablando tu mamá?

– ¿Por qué cuando un jugador se barre,
dicen que entró sucio?

– Cuando un jugador entra con una plancha...
¿al contrario se le arruga?

– Cuando un jugador se va por la banda...
¿el portero se va por los mariachis?

EL MAESTRO
ARMANDO HOYOS

Y

LA

HISTORIA

Meditando en la profundidad de los ANALES de la historia

– Cuando Sansón viajaba...
¿se llevaba su Sansonite?

– Alejandro Magno...
¿de manila?

– Si el Muro de Berlín no hablaba...
¿por qué cayó?

– ¿Dalí se la pasaba en las noches de Gala?

– Cuando se pone abrigo, la esposa de Goya...
¿él de capita?

– Si Evita Perón...
¿es porque prefiere manzana?

– Si a Zeus de niño le decían "Zeucito"...
¿a Hércules le decían...
"¡ah, qué chiquillo!"?

– Cuando en Rusia le dijeron al Zar...
¿alzó?

– Alguna vez fue Carlos Quinto...
o ¿a qué edad le descubrieron el relleno cajetoso?

EL MAESTRO
ARMANDO HOYOS

Y

LO
INTERNACIONAL

De los viajesotes del maestro

– Si los de Yucatán son cabezones...
¿los del Congo Belga... más?

– La Torre de Piza...
¿la hicieron en menos de 30 minutos?
¿O les salió gratis?

– Si Sudáfrica...
¿se pone desodorante?

– Si Quito... capital de Ecuador...
¿en dónde lo puedo invertir?

– La raza de bronce...
¿hace sonar el detector de metales?

– ¿Cuál es la capital del estado civil?

– En Islandia...
¿las mañanitas, las cantaba el Reykiavik?

– Indonesia...
¿no entiende razones?

– El Sumo...
¿es de Japón o de Lima?

– Papas a la francesa...
¿y la italiana que se espere?

– ¿Por qué en la India, se da el fenómeno
de vender chicles y tener hijos?

EL MAESTRO ARMANDO HOYOS

Y

LAS LUCHAS

Su primera visita a "la Villa"

– ¿A cuántas caídas es la lucha de clases?

– Si yo le voy al Santo...
¿ellos le caerán a mi cumpleaños?

– Si fueras infiel...
¿dejarías a la Lucha por la Paz?

– Si Nureyev es Rudolf...
¿Barishnikov es Técnicof?

– Si lucha Villa... ¿le gana Zapata...
o le ganas a caballo?

– Los mini super luchadores...
¿pelean en el ring 13?

– El Perro Aguayo...
¿gateaba de chiquito?

– Si los luchadores se la viven en el ring...
los perdedores ¿se la viven en el ron?

– Alushe... ¿es de pelushe?

– ¿Quién es realmente máscarita...
Juan Ferrara o Guillermo Capetillo?

– Si un luchador le da la espalda a La lona...
¿se encela Pepona?

– Si un luchador se avienta a las cuerdas...
¿quién se echa a las loquitas?

– Si los luchadores pelean en la arena...
¿por qué no se les mete a los calzones?

EL MAESTRO ARMANDO HOYOS Y

LA MAGIA NEGRA

Las limpias...
y las pones en su lugar

97

– Cuando un influjo de amor no sirve...
¿lo dejas para la pócima?

– Cuando se rompe un hechizo...
¿mejor compras el original?

– Cuando una hechicera es pobre...
¿se queda bruja?

– Si hay más allá...
¿hay menos aquí?

– Si hay mas aya...
¿qué esperan para hacer las tortillas?

– Los faquires...
¿compiten en clavados?

– Una uña enterrada... ¿reencarna?
o un archivo muerto... ¿resucita?

– Si las brujas vuelan en escobas...
¿por qué no se barren cuando aterrizan?

– Si las brujas te hacen una limpia con huevos...
¿los brujos son más delicados?

El maestro Armando Hoyos ha sido creador, entre otras muchas cosas, de los famosísimos Muebles Vudú.

EL MAESTRO
ARMANDO HOYOS
Y

EL MAR

*Conceptos para una vida
más sabrosa*

Fotografía tomada por el maestro en la que aparecen: la foca padre, la foca hijo y la foca madre.

– El pez gato...
¿le hace los mandados a todos?

– Si el tiburón anda con una...
¿la almeja anda con ostra?

– Si las Gaviotas son de la playa...
¿las Garzas son de Monterrey?

– Si la tortuga...
¿es para que dé más información?

– Si el pez sierra...
¿la morena abre?

– La hueva de pescado...
¿perjudica al país?

EL MAESTRO ARMANDO HOYOS

Y

LA MEDICINA

Muestras... de pensamiento

– El recto... ¿es insobornable?

– Si la tiroides... ¿la levantoides?

– Un homeópata... ¿llega a chochear?

– Si le pides el pato a la enfermera...
¿de qué sabor te lo trae?

– Las venas... ¿con pan son buenas?

– Si tengo tuumor... ¿me río de tus chistes?

– ¿Se puede extirpar el tumor a lo desconocido?

– Cuando en un hospital se descompone tu tele...
¿te ponen una Zonda?

– Si te amputan las piernas...
¿es para traerte cortito?

– Cuando te truenan los huesos...
¿es porque no estudiaron?

– Guando los niños no pueden dormir...
¿les echas un güento?

– Si se te rompe la muñeca...
¿mejor juegas a la comidita?

– ¿A qué huele la Colonia de los Doctores?

– Cuando estás chocheando...
¿ya no puedes con el chocho?

– El urólogo... ¿qué pitos toca?

– ¿De qué religión es el Papanicolau?

En el campo de las artes el maestro Armando Hoyos ha incursionado en la pintura.
Una de sus más grandes obras (12 × 8 m) no cupo en este libro y en su lugar presentamos este autorretrato titulado:
"COMO JERINGAS".

El maestro
Armando Hoyos
y

LA MODA

Ideas que son... de sastre

– La solapa...
¿sólo porque son amigos?

– La moda de los 20's...
¿era hablar por teléfono?

– Si hay tejido de punto...
¿también hay tejido de macho?

– Si un bebé tiene dos chambritas...
¿dobla turno?

– Un campesino que compra estambre y aguja...
¿se convierte en tejidatario?

– Si te suben la bastilla...
¿les pides que bajen pod agua?

– Los calzones de florecitas...
¿también le quedan a los arbolitos?

– Cuando quieres taparte...
¿te pones un suéter o te comes unas tunas?

– Si te haces un mameluco...
¿es que eres flexible?

– Si te dan una mascada...
¿cómo te la dejan?,
¿en caja?, o ¿ya no?

EL MAESTRO
ARMANDO HOYOS
Y

LAS MUJERES

Pescado, por sus encantos

– Si detrás de un gran hombre hay una gran mujer...
¿por qué no se voltean y platican?

– Si el hombre viene del mono...
¿la mujer... viene de la cesárea?

– Las pitonisas...
¿entienden de oráculos?

– Si para las fiestas las mujeres se visten de largo...
¿los hombres se visten de tío lucas?

– En unos quince años...
¿la quinceañera tendrá unos 30?

– ¿Si laprieta Linda esprima mía sumama's mi tía?

– Si las acuario son muy aguadas...
¿las libra, si no se mete con ellas?

– Si las mujeres de Francia son muy fogosas...
¿las de Jamaica son muy frescas?

– Si Chachita come anchoas...
¿Vitola langosta?

– Cuando una mujer está encinta...
¿también está en compact?

– Si el hombre desciende del mono...
¿el Llanero Solitario desciende de su caballo?

– Si se te suben las copas...
¿te tapas con lo que puedes?

– Si las mujeres tienen un sexto sentido...
¿por qué no usan los otros cinco?

Durante el Año Internacional de la Mujer, el maestro Hoyos se vio comprometido a presentar una improvisada ponencia en el Círculo Feminista, A.C.

Debido a la ausencia total de tiempo para preparar dicha exposición, el maestro se encontró ante la penosa situación de hablar "a tontas y a locas".

EL MAESTRO ARMANDO HOYOS

Y

LA MÚSICA

Pensamientos clave

– Un bolero romántico...
¿se enamora de los zapatos que lustra?

– Si la rumba...
¿es porque ya no la quiere?

– En un examen de música...
¿te reprueban si sacas el acordeón?

– Si en los discos compactos sólo se oye un lado...
¿para qué ponen el otro lado?

– ¿Las salsas...
cuando te tropiezas?

– Al bailar una samba...
¿los demás le aplauden?

– Cuando se reproduce un disco...
¿queda en cinta?

– La ópera "Evita"...
¿que te quedes despierto?

– Si te bailan un merengue...
¿es porque te ganaron un volado?

– Cuando una cantante pierde el ritmo...
¿se embaraza?

El maestro
Armando Hoyos
y

LOS NIÑOS

El que con niños se acuesta...
encarcelado amanece

– L^s dibujos animados...
¿están muy contentos?

– Cuando María Félix eda chiquita...
¿jugaba a la doña?

– Si se pelean el pato Donald y el pato Lucas...
¿empatan?

– Cuando el Hombre Araña... ¿es un cobarde?

– A ladino... ¿es mejor no hacerle caso?

– Cuando se te acaba el aceite de Oliva...
¿usas el de Popeye?

– *Los Tototopos... ¿se comen con frifrijoles?

– Si Pedro Pica piedra...
¿qué condena está purgando?

– Si saludas al príncipe encantado...
¿es porque te dio gusto verlo?

– Si te pones zapatillas de Cristal...
¿ella, cantará descalza?

– A la princesa caramelo...
¿se la chupó la bruja?

* "Los Tototopos" es el título de una famosa serie de dibujos animados que logró
influir los pensamientos del maestro Armando Hoyos.
(Nota del Traductor.)

EL MAESTRO ARMANDO HOYOS Y

LOS OFICIOS

Ideas sin oficio ni beneficio

– Si hay toreros diestros...
¿hay toreros siniestros?

– Si zapatero a tus zapatos...
¿garrotero a tu... trabajo?

– ¿De qué vive un inversionista...
si se la pasa en la casa de bolsa?

– Los botones en los hoteles...
¿son para que te los abroches?

– Si una celadora...
¿la otra ce la fríe?

– Cuando una maestra enseña...
¿es porque tiene buena pierna?

– Cuando un abogado enloquece...
¿pierde el juicio?

– Cuando chocas...
¿te sacan un perito?

– Cuando el lechero llega temprano...
¿te saca... de la cama?

– El oficio más antiguo del mundo...
¿está traspapelado en una oficina de gobierno mexicana?

– Una poetisa...
¿es una pelea entre poetas?

– Si el carpintero se la pasa clavando...
¿a qué hora trabaja?

EL MAESTRO
ARMANDO HOYOS

Y

EL ORIENTE Y MEDIO ORIENTE

Que nos oriente

– La sobrepoblación en Oriente...
¿se debe a tantos palitos chinos?

– Cuando la India estaba en revolución...
¿su esposo vendía pepitas en Insurgentes?

– Si en un oasis...
¿en el otro no hacis?

– Si Krakatoa, al este de Java...
¿al otro no lo dejaba?

– En Tokio... ¿Fried Chicken?

– En Sumatra...
¿Listos? ¡Fuera!

– ¿Himalaya...
la hora en que nos conocimos?

– Con la caída del Japón...
¿es beligroso agacharse?

– Si el japonés come pescado crudo...
¿el mexicano se la cura con chilaquiles?

– Si a un mesero le piden sushi...
¿los manda a lashi?

El maestro Armando Hoyos y su juego de
Damas Chinas.

EL MAESTRO
ARMANDO HOYOS
Y

EL COLOR
ROJO

Para aquellos que son rojetes

– Al ponerse rojo...
¿asegura mejor la puerta?

– Caperucit a Roja...
¿los chones al lobo?

– Cuando una mujer se vaaarreglar...
¿por qué se tarda tanto?

– El cañón deColorado...
¿lo dejaron remojando en clarasol?

– Cuando hierve el camarón...
¿pasa de blanco a rrojo?

– Si mearrojo...
¿es porque comió betabel?

EL MAESTRO ARMANDO HOYOS

Y

LOS TELÉFONOS

Nuevas líneas de pensamiento

– Si marcas y marcas un teléfono...
¿le queda cicatriz?

– ¿Quién afina el fax
para que dé tono?

– Si las llamadas de larga distancia son caras...
¿por qué no se les ven los ojitos?

– Si los teléfonos acortan distancias...
¿por qué no ponen uno en la carretera
México-Nuevo Laredo?

– ¿No es contradictorio que al teléfono
de los bomberos... ¡llamas!?

– Cuando un teléfono hace ring, hace rang...
¿los maderos de San Juan?

– Sabemos que a Pinocho le hablan por Lada,
pero... ¿por Lada madrina o por Lada azul?

– Cada día hay más líneas telefónicas...
¿será porque se cruzan constantemente?

EL MAESTRO ARMANDO HOYOS

Y

LOS VIRUS, INSECTOS Y OTROS BICHOS

Ideas para la palomilla

– Los virus...
¿tocaban Lerit bi?

– Si la tarántula es de la familia de los arácnidos...
¿la Catarina es de la familia Creel?

– Si la cucaracha ya no puede caminar...
¿le dan un Raid?

– Si las avispas... ¿es para que se despabilen?

– Si pasa el abejorro y te zumba...
¿te noquea?

– Cuando un perro se rasca...
¿espulga...?
o, ¿sigue siendo perro?

– Al cara de niño... ¿le piden siempre la cartilla?

– ¿Cada cuándo salen los gusanos
a darle la vuelta a la manzana?

– Si las mariposas monarca vienen de Canadá...
¿las polillitas vienen del Taconazo Popis?

– Si en junio te pica un escorpión...
¿para febrero tendrás un piscis?

– La Viuda Negra... ¿ya no pica?

– Si el ciempiés se queda cojo...
y si no, ¿me voy?

– Si una telaraña... ¿le pides que se corte las uñas?

– ¿Las cigarras se cogen por la colilla?

– El azotador... ¿excita a la cochinilla?

Los autores de este libro son
(por orden alfabético):

ARMANDO BERNAL
EUGENIO DERBEZ
GUS RODRÍGUEZ
PEPE SIERRA
ALEJANDRO TREVIÑO
HÉCTOR OCTAVIO VALDÉS

Recopilación:
ALEJANDRO TREVIÑO

El maestro Armando Hoyos agradece a:
ANTONYETA RAMÍREZ por su teclado
CARLOS LATAPÍ por las fotografías
LUPITA AGUILAR por la coordinación fotográfica
J. C. CHÁVEZ por su parecido con mi amigo MIGUEL ANGEL HAM.
YOKO y NAOKO por sus genes
OLIVIA, BELINDA y OLIVIA (las focas de Reino Aventura).

AGRADECIMIENTOS DE LOS AUTORES

Todo mi agradecimiento a la vida, por darme a Bruno y a Braulio... (¡soy muy feliz!)
A mi Princesa que ha tenido que soportar todo mi mal humor...
y ¡muchas gracias al Señor!, que siempre manda ideas...
                                        Armando

A toda mi familia, porque a pesar de que casi no me ven, todavía me reconocen.
Mamá: Gracias por ser la mía y gracias por parir al maestro Hoyos.
        Sin ti no lo hubiéramos conocido.
Papá: Gracias también por ayudar a mi mamá. Me duele que no hayas conocido al maestro.
Silvia y Silvita: Gracias por hacerme sentir siempre importante...
                tanto, como lo son ustedes para mí.
Aislinn, Vadhir y José Eduardo: Gracias por prestarle al maestro a su papá.
Vicky: Espero que este libro justifique un poco los ratos de soledad que sin querer te regalé.
        Gracias por caminar este pesado trecho a mi lado y gracias por permitirme tomar parte
        de nuestro tiempo para darle vida al maestro.
                                        Eugenio

Silvia: ¿Ves como si trabajo?
Gus y Edú: Ayúdenme a plantar mi árbol.
Don Armando: Desde que lo vi nacer, supe que sería usted muy grande.
                                        Gus

A la Sirenita, por su gran apoyo y su inspiración,
a Marianito y Tania porque siempre serán razón para echarle muchas ganas.
                                        Pepe

A Bárbara Ferré por su boca de profeta,
a la banda de los B.B. (aunque nunca vieron el programa)
a la Paty y a la Gordita, que no se quedaron
y a la Mane, que no se fue,
y a los mejores amigos que se puede tener, Delia y Ricardo.
                                        Alejandro

ESTA EDICIÓN DE 10 000 EJEMPLARES SE TERMINÓ
DE IMPRIMIR EL 9 DE MAYO DE 1996 EN LOS
TALLERES DE LITOGRÁFICA INGRAMEX, S.A.
CENTENO 162, COL. GRANJAS ESMERALDA
09810 MÉXICO, D.F.

DE LA PRESENTE EDICIÓN SE TIRARON 21 EJEMPLARES
PORQUE A EUGENIO SE LE REGÓ LA TINTA.